PROGRAMMAZIONE ORIENTATA AGLI OGGETTI

Alessandro Stella

https://alessandrostella.it/

Prima edizione: aprile 2013

Seconda edizione: ottobre 2014

Terza edizione: giugno 2016

Quarta dizione: aprile 2024

ISBN-13: 978-1502728562

ISBN-10: 1502728567

INDICE

Sinossi

La programmazione ad oggetti è una filosofia. È un modo di pensare prima di scrivere il codice; un'idea del software da avere prima di decidere quale linguaggio di programmazione usare per trasportare in bit quell'idea.

Conoscere la filosofia della programmazione ad oggetti è un preciso dovere di ogni programmatore nato dopo il 1970. Capire come pensare il codice, prima di scriverlo, garantisce di riuscire a programmare in pochi giorni in qualsivoglia linguaggio di programmazione ad oggetti poiché tutti i moderni linguaggi di programmazione sono orientati agli oggetti e quindi tutti sono sottomessi a tale filosofia. Ecco perché è assolutamente fondamentale, prima di scegliere un linguaggio di programmazione, conoscere le regole che lo governano.

Tutti noi abbiamo ben chiaro in testa il concetto di casa: muri, porte, finestre, eccetera. Se siamo un architetto la sappiamo progettare e se siamo un muratore la sappiamo costruire. Ma se architetti e muratori non avessero il concetto di casa, cosa potrebbero mai fare? Niente! Per poter progettare e costruire una casa serve innanzitutto avere in testa il concetto di casa.

Lo stesso identico discorso vale con la programmazione ad oggetti: se non abbiamo in testa i concetti su cui si basa tale metodologia non riusciremo mai a progettare né a implementare un software che stia in piedi.

Questo libro parla quindi dei concetti su cui si basano i progettisti software per progettare un'applicazione; gli stessi concetti che poi vengono usati dai programmatori per tradurre in codice il progetto. Qui si narra la storia di un pensiero utile e saggio, un modo per usare la propria mente al fine di scrivere un programma usando leggi universali, evitando di scrivere codice che andrà a far parte della sterminata e infetta razza dei "basta che funzioni"!

Gli oggetti e le classi sono i pilastri fondamentali su cui si fonda la base concettuale della programmazione ad oggetti. Partiremo quindi proprio dagli oggetti e, passando per le classi, costruiremo tutta la piramide che su tali concetti si erge: ereditarietà, polimorfismo, classi astratte, interfacce e oltre. Insomma, è quasi un dovere leggere questo libro (o un altro che prepari la mente alla filosofia della programmazione ad oggetti) prima di iniziare a progettare o scrivere codice.

Introduzione

Non è mai stato particolarmente chiaro il motivo, ma quando ci si avvicina alla programmazione orientata agli oggetti ci si sente come di fronte ad una montagna alta, dalla vegetazione fitta e scura.

Non è così!

La programmazione orientata agli oggetti, in inglese **OOP** (**O**bject **O**riented **P**rogramming), è la cosa più naturale che ci sia. È stata, infatti, pensata e realizzata proprio per avvicinare la programmazione al mondo che conosciamo, in modo che fosse più semplice programmare. Eppure ha questa nomea di "cosa oscura". Le pagine che seguiranno tenteranno di abbattere questa diceria.

La programmazione ad oggetti, almeno nei concetti di base, è davvero banale perché rispecchia il mondo che ci circonda e di cui noi sappiamo già tutto. Possiamo forse negare di conoscere un'automobile o una persona o una penna? La programmazione ad oggetti si basa su oggetti quasi sempre reali e quindi banali, ma di questo parleremo tra poco.

Ora invece cerchiamo di rispondere ad una basilare domanda: **perché è importante conoscere la programmazione ad oggetti?**

È importante perché tutti i moderni linguaggi di programmazione ad alto livello usano la filosofia della programmazione ad oggetti. Quindi conoscere la programmazione ad oggetti significa saper programmare in java, c#, ruby, perl, php, python, ecc. Qualcuno potrebbe non essere d'accordo con tale affermazione, ma imparare un linguaggio di programmazione diventa molto semplice una volta che si conoscono le regole a cui è sottomesso.

A tal proposito si può fare un paragone con i numeri e le addizioni.

Se noi sappiamo solo che 2+2=4 ci troviamo in difficoltà nel momento in cui ci viene richiesto quanto vale 3+2. Ma se invece conosciamo il concetto di numero e il significato dell'operazione "+", allora siamo in grado di effettuare tutte le addizioni possibili!

Per i linguaggi di programmazione vale lo stesso discorso: le regole su cui tutti si basano sono le regole della programmazione ad oggetti e pertanto tutti le devono rispettare Tutti infatti dovranno usare un modo per creare una classe, tutti dovranno usare un modo per istanziare un oggetto da tale classe e così via. Ecco perché conoscere la filosofia della programmazione ad oggetti significa, in qualche modo, saper programmare in un qualunque linguaggio che si basi su tale filosofia. Più avanti in questo testo scriveremo codice in diversi linguaggi di programmazione e ci accorgeremo, in quel contesto, quanto sia vera la precedente affermazione. Per essere precisi, lo scrivente reputa errato imparare un linguaggio di programmazione orientato agli oggetti senza prima aver appreso nel profondo i concetti che si trovano alla base di tale modello di programmazione.

Obiettivi e platea del libro

Questo testo è rivolto specificatamente a:

- Chi si avvicina per la prima volta al mondo della programmazione ad oggetti
- Chi ci ha già provato in passato, ma senza ottenere buoni risultati.

Non è un libro per chi già conosce i concetti della programmazione ad oggetti e neanche per chi vuole imparare la sintassi di un linguaggio di programmazione. Se vogliamo imparare la sintassi di java, c#, php o altro, stiamo sbagliando clamorosamente testo.

Questo libro parla delle regole alle quali qualunque linguaggio di programmazione (orientato agli oggetti) deve sottostare.

Classi e Oggetti

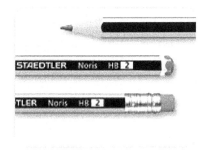

Pensiamo per un momento a una matita.

Per identificare una matita useremo alcune caratteristiche tipiche di tale oggetto, come ad esempio la marca (koh-i-noor, fila, staedtler, ecc.) e la durezza della punta (1, 2, 3, ecc.). Infatti se andassimo da un cartolibrario e chiedessimo una matita Staedtler numero 3, egli saprebbe esattamente cosa darci. Noi sappiamo per esperienza quali sono le caratteristiche tipiche di una matita, non c'è bisogno di essere degli ingegneri, né dei programmatori. Sappiamo quindi decidere che, conoscendo marca della matita e durezza della punta, dovremmo essere in grado di identificare una particolare matita. Forse può sembrare eccessivamente semplice, eppure tutto quello che ci serve sapere sui concetti di Classe e di Oggetto è contenuto in quello che abbiamo appena letto.

Le caratteristiche comuni a tutti gli oggetti vengono racchiuse in una sorta di scrigno chiamato **Classe** (nel nostro caso avremo quindi la Classe Matita che racchiude le caratteristiche "marca" e "durezza"). Ogni volta che tali caratteristiche assumono dei valori precisi (ad esempio marca=staedtler, durezza=2) otteniamo un singolo **Oggetto** appartenente a tale classe, caratterizzato quindi da particolari valori assegnati alle caratteristiche comuni indicate nella Classe. Tale oggetto prende anche il nome di **istanza**. Quindi i termini *istanza* e *oggetto* sono sinonimi.

Con tali concetti nella mente dovrebbe essere semplice definire tutte le classi possibili. Ad esempio la classe Persona sarà definita dalle caratteristiche che sono tipiche di una persona. E quali potrebbero mai essere tali caratteristiche? Beh, le prime che ci vengono in mente potrebbero essere età, altezza, peso, colore degli occhi, ecc. Lo stesso discorso si potrebbe fare con la classe Auto, la quale dovrebbe racchiudere le caratteristiche tipiche di un'automobile, come ad esempio numero di porte, colore, alimentazione, ecc.
Matita, Persona e Auto sono quindi classi, ossia l'insieme di caratteristiche che sono comuni a tutti gli oggetti appartenenti a tali classi.

I concetti di Classe e di Oggetto sono tutti nelle righe precedenti. Va bene, è vero, proseguendo nello studio le cose si complicheranno, ma per adesso dovrebbe essere tutto assolutamente comprensibile. O no? Sembra tutto molto semplice e lo è realmente perché le classi che dovremmo definire all'interno di un ipotetico software sono di solito generalizzazioni del mondo reale, di ciò che ci circonda, quindi ne conosciamo sia il nome, sia le caratteristiche. Ce ne siamo appena accorti ipotizzando le classi Matita, Persona e Auto e potremmo, in un baleno, definire le classi Bottiglia, Casa, Pianta, Lampada, Libro ... fino all'infinito. Lo sappiamo fare perché, semplicemente, abbiamo esperienza di quello che parliamo, conosciamo le caratteristiche che accomunano gli oggetti di tipo Bottiglia, Libro, ecc.

È però necessario che tali concetti siano cristallini nella nostra mente.

Per avere la certezza di aver compreso tali concetti, possiamo usare un metodo infallibile. Alziamoci in piedi e proviamo a spiegare ad alta voce tali concetti a un immaginario amico che non li conosce. Se non riusciamo a spiegarli ad alta voce e abbiamo bisogno di rileggere il testo qui sopra riportato, allora probabilmente i concetti non ci sono ancora del tutto chiari. Ma non è possibile proseguire nello studio della programmazione ad oggetti senza che questi concetti siano assolutamente chiari. Forza allora, in piedi!

Ora che abbiamo chiari questi concetti vediamo cosa accadrebbe in pratica se dovessimo definire la classe Matita e crearne un'istanza nella realtà della programmazione. Lo faremo in java, in c# e in php.

Ecco cosa dovremmo scrivere in **java**:

```java
// dichiarazione della Classe Matita
public class Matita {
  private String marca;
  private String durezza;
}

// creazione di un oggetto (istanza) della classe
Matita matita = new Matita();
```

Lo stesso codice in **c#**:

```csharp
// dichiarazione della Classe Matita
public class Matita {
  private string marca;
  private string durezza;
}

// creazione di un oggetto (istanza) della classe
Matita matita = new Matita();
```

Infine ecco cosa dovremmo scrivere in **php**:

```php
// dichiarazione della Classe Matita
class Matita {
  private $marca;
  private $durezza;
}

// creazione di un oggetto (istanza) della classe
$matita = new Matita();
```

È evidente che, sebbene sia scritto in tre linguaggi diversi, il codice somiglia moltissimo. Addirittura il codice java e c# è pressoché identico! Ecco perché poche pagine addietro abbiamo letto che *"conoscere la filosofia della programmazione ad oggetti significa, in qualche modo, saper programmare in un qualunque linguaggio che si basi su tale filosofia"*.

Ci siamo anche detti che non dobbiamo imparare un determinato linguaggio di programmazione. Tuttavia cerchiamo di commentare brevemente almeno uno dei codici appena visti. Utilizziamo il codice scritto in java. Lo ripetiamo qui per comodità, eliminando i commenti.

```
public class Matita {
  private String marca;
  private String durezza;
}
Matita matita = new Matita();
```

Le prime 4 righe definiscono una classe.

La prima riga dichiara una classe denominata Matita. Ma prima del nome Matita troviamo due termini: *public* e *class*.

Public comunica al sistema che, quanto seguirà, dovrà essere reso disponibile in tutto il nostro software.

Class significa che stiamo definendo una classe.

A questo punto comunichiamo al sistema il nome della classe. Il nome lo scegliamo noi. In questo caso abbiamo scelto il nome Matita.

Bene.

La seconda riga definisce una caratteristica di tale classe, ossia comunica al sistema che tutti gli oggetti di tale classe dovranno avere tale caratteristica. Per definire tale caratteristica vengono usate altre due "paroline magiche", *private* e *String*.

Private significa che nessuno, tranne gli oggetti di tale classe, potrà accedere a tale caratteristica (principio di Information Hiding che vedremo più avanti).

String comunica al sistema che la caratteristica sarà identificata da una stringa. Una stringa è un insieme di numeri e lettere.

Dopo queste due "paroline magiche" troviamo il nome che noi abbiamo deciso di dare alla caratteristica: marca.

L'ultima riga crea il nostro oggetto!

L'oggetto sarà un componente software che noi potremo manipolare all'interno del nostro sistema. Per istanziare un oggetto di tipo Matita bisogna innanzitutto dichiarare la classe a cui appartiene tale oggetto (l'oggetto appartiene alla classe Matita), poi scegliere un nome per tale oggetto, matita (in minuscolo) e poi, dopo il segno di uguaglianza, istanziare l'oggetto, `new Matita()`.

Ora, tornando ai concetti di classe e oggetto, potremmo fare un'osservazione: abbiamo detto che un oggetto viene istanziato da una classe, ma che si differenzia da essa soprattutto perché vengono assegnati dei valori alle sue caratteristiche. Nella classe le caratteristiche ci sono: marca e durezza. Ma quali sono questi valori nell'oggetto istanziato?

Non ci sono!

Nel codice visto sopra non abbiamo assegnato alcun valore. E se invece lo volessimo assegnare? Ci servono dei metodi, ossia altro codice che ci consente di assegnare o modificare i valori assegnati. Ogni linguaggio di programmazione implementa tale necessità in modo diverso, ma tutti lo faranno. Ci torneremo.

Per adesso dobbiamo avere in testa il concetto di classe e quello di oggetto.

Procediamo...

Incapsulamento

L'incapsulamento è un altro concetto abbastanza semplice che viene spesso reso complicato e difficile da capire.

Per avvicinarci alla sua comprensione ci basta pensare alle medicine in capsule. Noi non possiamo vedere il medicinale perché è protetto da una capsula rigida. Ingeriamo la capsula che però, all'interno dello stomaco, si scioglie e rilascia il medicinale.

Il concetto di incapsulamento è proprio questo: nascondere per consentire l'accesso solo a chi sa come fare.

Abbiamo visto che una classe racchiude le caratteristiche comuni a un certo tipo di oggetti.

Riprendiamo la nostra classe Matita.

Abbiamo detto che un oggetto si differenzia da una classe perché l'oggetto assegna dei particolari valori alle caratteristiche contenute nella classe. Abbiamo anche visto come si può tradurre in codice questo concetto. Quello che non abbiamo detto è come poter leggere e modificare i valori che il singolo oggetto (detto anche "istanza") ha assegnato alle caratteristiche presenti nella classe.

La programmazione ad oggetti prevede che le caratteristiche non possano essere accedute e modificate direttamente. Per questioni di sicurezza è stato ritenuto utile fare in modo che per leggere e modificare i valori delle caratteristiche di un oggetto vengano definiti degli appositi metodi che si occupano di leggere e modificare tali valori per noi. Il tutto potrebbe essere rappresentato da questa semplice figura circolare.

Questa figura rappresenta graficamente un qualunque oggetto. All'interno del cerchio piccolo, quello interno, sono memorizzati i valori delle caratteristiche dell'oggetto. Se immaginiamo che tale oggetto sia la nostra matita, allora dentro il cerchio piccolo ci saranno memorizzati i valori di *marca* e *durezza*. Tra il cerchio piccolo e il cerchio grande, nella parte grigia, ci sono invece i metodi che consentono di modificare i valori contenuti nel cerchio rosso. Pertanto, volendo modificare i valori contenuti nel cerchio piccolo, è necessario usare i metodi presenti nella parte grigia, qualora ci siano. Se invece non sono previsti metodi per modificare i valori all'interno del cerchio piccolo, nessuno è in grado di modificarli.

Questo modo di pensare gli oggetti viene chiamato **incapsulamento**. Il termine è chiaramente derivato dal fatto che i valori sono "incapsulati" nell'oggetto (all'interno del cerchio piccolo) e l'unico modo che si ha per modificarli è quello di usare i metodi preposti (se esistenti).

E come si trasforma in codice tutto questo?

Tutti i linguaggi di programmazione usano dei <u>metodi chiamati "getter" e "setter"</u>. I metodi "getter" servono per leggere i valori. I metodi "setter" invece servono per modificarli. Ad esempio in **java** la classe Matita sarebbe scritta così:

```
// dichiarazione della Classe Matita
public class Matita {
  private String marca;
  private String durezza;

  public String getMarca() {
    return marca;
  }
  public String getDurezza() {
    return durezza;
  }
  public void setMarca(String marca) {
    this.marca=marca;
  }
  public void set Durezza(String durezza) {
    this.durezza=durezza;
  }
}
```

I metodi "getter" sono quelli che iniziano con "get". I metodi "setter" sono invece quelli che iniziano con "set". Osserviamo, all'inizio della classe, come le caratteristiche (*marca* e *durezza*) siano precedute dalla parola "private". Ricordiamo? Questo significa che esse non sono accessibili dall'esterno degli oggetti che saranno istanziati dalla classe Matita. I metodi invece sono preceduti dalla parola "public".

Ciò significa che essi saranno accessibili dall'esterno. Tutti i linguaggi di programmazione orientati agli oggetti saranno sottomessi a queste regole.

Ovviamente avremmo potuto dichiarare "public" le caratteristiche della nostra classe (cioè *marca* e *durezza*) e quindi, una volta istanziato un oggetto, renderle direttamente accessibili dall'sterno, ma in quel caso avremmo violato una delle regole della programmazione ad oggetti e, soprattutto, avremmo compromesso la sicurezza della nostra applicazione.

In realtà non è soltanto la sicurezza a "imporre" l'utilizzo dell'incapsulamento delle informazioni.

In un progetto reale, infatti, gli oggetti della classe Matita potrebbero venire utilizzati da altri oggetti sparsi in giro per il codice. Se noi, all'interno della nostra classe Matita, cambiassimo il nome della caratteristica *durezza* in *hardness* e non usassimo un metodo per leggere e modificare il valore di tale caratteristica, saremmo costretti ad andare in giro per tutto il codice della nostra applicazione e modificare tutti i posti in cui si legge o modifica il valore di tale caratteristica. Invece, se abbiamo usato i metodi *getDurezza()* e *setDurezza()*, ci basta modificare il codice interno a questi due metodi (in modo che leggano a scrivano non più il valore della caratteristica *durezza*, ma della caratteristica *hardness*) senza trovarci nella necessità di modificare tutti i luoghi del codice esterno in cui tali metodi vengono richiamati. Vi sembra poco?

L'incapsulamento viene spesso indicato con il termine **information hiding** (occultamento delle informazioni) anche se, a rigore, esiste una differenza concettuale: <u>l'information hiding è il principio teorico su cui si basa la tecnica dell'incapsulamento.</u>

A margine di questo capitolo, e dopo aver parlato sia delle caratteristiche sia dei metodi di una classe, ci possiamo permettere un piccolo approfondimento di natura pratica.

Iniziamo con il dire che le caratteristiche di una classe vengono spesso indicate con il termine di **attributi**. Pertanto i termini **caratteristica** e **attributo** sono sinonimi.

Facciamo poi un paio di osservazioni: gli handle e la memoria del computer.

Ogni volta che creiamo un oggetto, esso deve essere in qualche modo identificabile all'interno del nostro software. Se creo 5 oggetti dalla classe Matita tutti con punta di durezza pari a 3, devo avere un sistema per potermi riferire ad ogni singolo oggetto di tipo matita. A tal fine i linguaggi di programmazione utilizzano un **handle** ossia una sorta di "maniglia" che identifica il singolo oggetto nella memoria del computer: ogni volta che viene creato un oggetto gli viene anche associato un handle.

Inoltre è ragionevole pensare che, in fase di esecuzione, una classe come Matita possa generare 1, 10 o mille oggetti. Questo è normale perché nel nostro ipotetico software potremmo avere bisogno di molte matite. Ovviamente ogni volta che creiamo un oggetto, dobbiamo anche allocare nella memoria del computer uno spazio sufficiente per memorizzare caratteristiche e metodi di quel singolo oggetto. Ma a ben riflettere, mentre i valori delle caratteristiche di ogni singolo oggetto appartengono a quell'oggetto, i relativi metodi sono uguali per tutti gli oggetti. Infatti mentre il valore di una caratteristica cambia per ogni oggetto, i nomi dei metodi e il loro funzionamento resta uguale per tutti gli oggetti istanziati. Per questo motivo, al fine di risparmiare spazio nella memoria del calcolatore, i metodi degli oggetti appartenenti alla stessa classe vengono memorizzati una sola volta. Quando viene richiamato un certo metodo, esso saprà su quale oggetto agire perché ogni oggetto è identificato dal proprio handle e quindi il metodo effettuerà le modifiche richieste sull'oggetto corretto.

Ok, sono concetti un po' avanzati, ma intanto li abbiamo scritti e possiamo tornare a leggerli quando vogliamo.

Information Hiding

Per entrare in confidenza con questo concetto, pensiamo ad una semplice lampada da studio o da tavolo.

Possiamo semplificare la descrizione di un tale oggetto dicendo che esso è composto da un portalampada e da una lampadina. Cosa facciamo quando la lampadina si esaurisce? Banalmente la svitiamo, ne compriamo una nuova e inseriamo la nuova lampadina all'interno del portalampada.

Fatto.

Funzionalità dell'oggetto ripristinata.

Ma il portalampada quali informazioni ha sulla lampadina? Solo la forma dell'aggancio.

Lo stesso si può dire della lampadina. Essa non conosce nulla del portalampada tranne la forma dell'aggancio. Può essere montata su un qualsiasi portalampada che abbia un certo tipo di aggancio.

Bene.

Questo è il concetto di **information hiding**: le componenti di un software non devono conoscere il modo in cui sono costruite le altre, basta solo che condividano le interfacce di comunicazione.

Infatti nel caso della nostra lampada, i due componenti non si conoscono, non sanno nulla l'uno dell'altro, ma avendo un'interfaccia comune (l'aggancio) possono funzionare insieme.

Ritornando al capitolo precedente e all'incapsulamento, possiamo osservare come, in quel caso, l'interfaccia comune di comunicazione sia rappresentata dai metodi: i vari oggetti comunicano tra loro utilizzando i metodi che essi mettono a disposizione.

Imparare a "ragionare" in questo modo ci sarà di grande aiuto quando affronteremo la progettazione di software di medie e grandi dimensioni perché saremo in grado di suddividere il software in moduli o componenti e di assegnare lo sviluppo di ogni singolo modulo ad un team diverso con l'unica informazione in condivisione rappresentata dalle interfacce di comunicazione.

Ereditarietà

Ecco, questo potrebbe essere il primo argomento un pochino più difficile dei precedenti. Ma lo è solo se non abbiamo chiaro quanto esposto fino a questo momento.

L'ereditarietà indica la possibilità di una classe di ereditare caratteristiche e metodi da un'altra classe. La classe che eredita prende il nome di **sottoclasse**, l'altra prende il nome di **superclasse**. Ve bene, la definizione non sembra troppo complessa, ma praticamente cosa significa? Praticamente significa che se alcune classi, che noi abbiamo definito nel nostro software, hanno caratteristiche in comune è bene riunire le caratteristiche comuni di tali classi in un'unica superclasse.

Ad esempio, le classi *Auto*, *Moto* e *Camion* hanno senza dubbio alcune caratteristiche in comune: *colore*, *alimentazione* e magari anche altre. Potrebbe quindi non essere sbagliato creare una superclasse che contenga tali caratteristiche e rendere *Auto*, *Moto* e *Camion* sottoclassi di tale superclasse.

Ragionando in questo modo, la classe *Veicolo* potrebbe essere una buona superclasse.

Esiste un linguaggio di modellazione grafica per rappresentare classi, oggetti e loro eventuali relazioni il cui nome è **UML** (**U**nified **M**odeling **L**anguage). Questo linguaggio viene utilizzato dai progettisti per produrre il disegno progettuale del futuro software. In questa sede non è nostro compito imparare UML, ma usando le specifiche di tale linguaggio possiamo rappresentare graficamente quello che abbiamo detto. Ciò che verrebbe fuori sarebbe molto simile alla figura che segue.

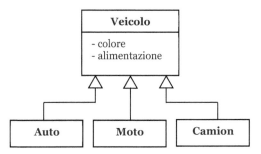

Questa figura ci comunica che *Veicolo* è una superclasse e che le classi *Auto, Moto* e *Camion* ereditano le sue caratteristiche e i suoi metodi.

La prima cosa utile che si nota usando l'ereditarietà è che risparmiamo codice. Abbiamo infatti detto che le sottoclassi (*Auto, Moto* e *Camion*) ereditano caratteristiche e metodi della superclasse. Questo significa che le classi *Auto, Moto* e *Camion* saranno dotate sia delle caratteristiche (*colore* e *alimentazione*) sia dei relativi metodi "getter" e "setter" senza la necessità di doverli definire in ognuna di esse: li ereditano. Quindi invece di definire le caratteristiche *colore* e *alimentazione* e relativi metodi in tutte e tre le classi (*Auto*, *Moto* e *Camion*), possiamo scrivere il codice una volta sola nella classe *Veicolo*.

Ottimo!

Non sembra ci sia niente di particolarmente complesso, ma ora ci porremo una domanda che complicherà tutto. Perché mai creare tre sottoclassi della classe *Veicolo*, quando potremmo tranquillamente aggiungere una caratteristica alla classe *Veicolo* che indichi il tipo di Veicolo? Ossia, perché invece di creare la struttura UML di prima, non ci limitiamo a creare una sola classe *Veicolo* come quella qui mostrata? La caratteristica *tipo* potrà poi assumere i valori "auto", "moto" oppure "camion".

Veicolo
- colore
- alimentazione
- tipo

La risposta a questa domanda risiede nelle caratteristiche **non** comuni alle tre classi.

Per esempio, la classe *Auto* e la classe *Camion* avranno senza dubbio la caratteristica *numeroDiSportelli*.

Se creassimo un'unica classe *Veicolo*, allora tale caratteristica dovrà essere inserita nella classe *Veicolo*.

Ora chiediamoci: che significato avrebbe una tale caratteristica se il *Veicolo* fosse una moto?

Inoltre la classe *Moto* potrebbe avere la caratteristica *cupolinoParaVento* che indica se è o meno provvista del cupolino. Creando un'unica classe *Veicolo*, anche questa caratteristica andrebbe inserita in tale classe, ma... abbiamo mai visto un'auto (o addirittura un camion) con un... cupolino paravento?

Dunque non va bene creare l'unica classe *Veicolo* per rappresentare tutti i veicoli, in quanto ci sono alcune caratteristiche che appartengono solo e soltanto ad alcuni di essi, ma non ad altri.

Come regola generale possiamo allora dire che: <u>se due o più classi della nostra applicazione condividono alcune caratteristiche, sarebbe opportuno riflettere sulla possibilità di creare una superclasse con tali caratteristiche e di rendere le nostre classi, sottoclassi di tale superclasse.</u>

Purtroppo però questa regola non basta.

Non basta perché, ad esempio, la classe *Penna* e le classi *Auto*, *Moto*, *Camion* (e tante altre) condividono la caratteristica *colore*. In base alla precedente regola, ci potremmo allora chiedere: bisogna creare una superclasse che contenga la caratteristica *colore* e dalla quale ereditino tutte le classi che hanno in comune la caratteristica *colore*? NO. Assolutamente NO.

C'è infatti un'altra regola da valutare e rispettare prima di creare una superclasse. È la famosa ***"is-a"***. Ossia <u>dopo aver trovato due o più classi della nostra applicazione che</u>

condividono alcune caratteristiche, per poter creare una superclasse dalla quale farle ereditare, dobbiamo chiederci se le ipotetiche sottoclassi "sono" anche una superclasse.

Chiariamo il concetto.

Dimentichiamoci per un momento della programmazione ad oggetti e pensiamo invece alla realtà, al mondo che conosciamo, quello vero, quello che vediamo con i nostri occhi tutti i giorni. Bene. Pensando quindi al mondo reale facciamoci le seguenti banali domande.

Un'*Auto* è un (is-a) *Veicolo*?

Si, certo. Allora *Veicolo* può essere una sua superclasse.

Una *Moto* è un (is-a) *Veicolo*?

Si certo.

Un *Camion* è un (is-a) *Veicolo*?

Si, certamente.

Una *Penna* è un (is-a) *Veicolo*?

No, assolutamente no.

Dunque la caratteristica *colore* comune alle classi *Auto*, *Moto* e *Camion* può essere spostata nella superclasse *Veicolo*, in quanto *Auto*, *Moto* e *Camion* "sono" veicoli, mentre la classe *Penna* non può essere una sottoclasse di *Veicolo* perché NON è un (is-not-a) veicolo, anche se certamente possiede la caratteristica *colore*.

Seguendo dunque le due regole citate sopra saremo sempre in grado di decidere se e quando è opportuno creare una superclasse.

Polimorfismo

Forse questo è il vero punto critico di tutta la filosofia della programmazione orientata agli oggetti. Il termine deriva dal greco antico e indica l'attitudine di qualcosa ad assumere molte forme. Nella OOP si riferisce alle molte forme in cui si può realizzare la stessa azione. Si pensi al diverso modo che hanno un uomo, una scimmia e un canguro di eseguire la stessa azione: camminare. L'uomo camminerà in modo eretto, la scimmia in maniera decisamente più curva, mentre il canguro interpreterà tale azione saltellando. Eppure tutti e tre stanno eseguendo la stessa azione: camminare. Usano "forme" diverse per espletare la stessa azione. Beh, il concetto del polimorfismo è tutto qui.

Riferendoci ad un sistema software ad oggetti, il **polimorfismo** indicherà l'attitudine di un oggetto a mostrare più implementazioni per una singola funzionalità. Per esempio, sempre rifacendoci al nostro esempio iniziale, un *Auto*, una *Moto* e un *Camion* avranno un metodo denominato *inserisciMarcia()*. Tuttavia eseguiranno tale azione in modo evidentemente diverso visto che una moto ha la frizione che si attiva con la mano, mentre auto e camion no. Usando le specifiche di disegno di UML, possiamo riportare nel seguente diagramma quanto appena detto.

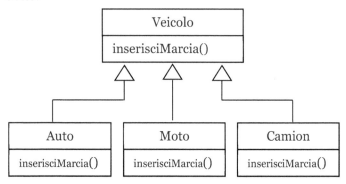

Quando l'utente desidera che un veicolo inserisca una marcia, egli eseguirà una determinata azione che produrrà l'invio al sistema di un messaggio che, a sua volta, scatenerà l'invocazione del metodo *inserisciMarcia()* della classe *Veicolo*. Con l'utilizzo del polimorfismo, il sistema è in grado di capire autonomamente quale veicolo debba inserire la marcia e sarà pertanto in grado di decidere in modo del tutto autonomo quale metodo richiamare. In un sistema non ad oggetti (e, quindi, senza la possibilità di utilizzare il polimorfismo) un simile comportamento necessiterebbe, dal punto di vista del codice, di un costrutto tipo switch–case come il seguente, tutto implementato all'interno di un'unica funzione:

```
function inserisciMarcia() {
  Switch (Veicolo.Tipo)
  Case 'Auto'
    Veicolo.inserisciMarciaAuto()
  Case 'Moto'
    Veicolo.inserisciMarciaMoto()
  Case 'Camion'
    Veicolo.inserisciMarciaCamion()
  End Switch
}
```

Avendo a disposizione il polimorfismo, invece, il tutto si riduce alle seguenti righe di codice.

```
Veicolo veicolo = new Auto();
veicolo.inserisciMarcia();
```

Dietro una semplice codifica di questo tipo si nasconde tutta la potenza del polimorfismo: il sistema chiama in modo automatico il metodo *inserisciMarcia()* dell'oggetto che è stato selezionato dall'utente, senza che ci si debba preoccupare se si tratti di un'*Auto*, una *Moto* o un *Camion*. In altre parole, potremmo dire che il polimorfismo consente ad oggetti differenti (ma collegati tra loro) la flessibilità di rispondere in modo differente allo stesso tipo di messaggio. Uno dei maggiori benefici del polimorfismo, come in effetti di un po' tutti gli altri principi della programmazione ad oggetti, è la facilità di manutenzione del codice. Per rendere l'idea, basta domandarsi cosa accadrebbe se l'applicazione precedente volesse implementare anche la funzionalità di inserire la marcia ad un *Trattore* o un veicolo con il cambio automatico. Nel caso non polimorfico, bisognerebbe aggiungere un nuovo case all'interno dello switch-case e aggiungere tutte le relative funzioni. Con il polimorfismo invece, molto più semplicemente, basterà creare l'oggetto *Trattore* e implementare in esso il metodo *inserisciMarcia()*. L'invocazione di quest'ultimo avverrà, come per gli altri veicoli già definiti, in modo del tutto trasparente e automatico.

Ecco come si implementa il polimorfismo in **c#**.

```
class Veicolo {
  public virtual void inserisciMarcia() {
    Console.WriteLine("Metodo cresce della classe
Albero");
  }
}
class Auto : Veicolo {
  public override void inserisciMacia() {
    Console.WriteLine("Metodo cresce della classe
Auto");
  }
}
class Moto : Veicolo {
  public override void inserisciMacia() {
    Console.WriteLine("Metodo cresce della classe
Moto");
  }
}
class Camion : Veicolo {
    public override void inserisciMacia() {
    Console.WriteLine("Metodo cresce della classe
Camion");
  }
}
class Principale {
  static void Main(string[] args) {
    Veicolo veicolo;
    veicolo = new Auto();
    veicolo.inserisciMarcia(); //output --> "Metodo
inserisciMacia della classe Auto"
  }
}
```

E poi in **java**.

```
class Veicolo {
  protected void inserisciMarcia() {
    System.out.println("Metodo inserisci Marcia della
classe Veicolo");
  }
}
class Auto extends Veicolo {
  public void inserisciMarcia() {
    System.out.println("Metodo inserisciMarcia della
classe Auto");
  }
}
class Moto extends Veicolo {
  public void inserisciMarcia() {
    System.out.println("Metodo inserisciMarcia della
classe Moto");
  }
}
class Auto extends Veicolo {
  public void inserisciMarcia() {
    System.out.println("Metodo inserisciMarcia della
classe Camion");
  }
}
class Principale {
  public static void main(String args[]) {
    Veicolo veicolo;
    veicolo = new Auto();
    veicolo.inserisciMarcia(); // output  --> "Metodo
inserisciMacia della classe Auto"
  }
}
```

Come abbiamo più volte sottolineato, in questo testo non dobbiamo imparare la sintassi dei linguaggi di programmazione, quindi non bisogna preoccuparsi se non si comprende il codice scritto. Non è questo il momento di scrivere codice. Ci sarà tempo e tanti libri da studiare per capire come un determinato linguaggio implementi il polimorfismo. Ciò che bisogna imparare in questo contesto è il concetto. Bisogna cercare di capire cosa è il polimorfismo, non come viene implementato da un determinato linguaggio di programmazione. Del resto anche in questo caso possiamo ritrovare quanto affermato all'inizio di questo studio: il codice dei due linguaggi di programmazione è molto simile e questo perché le regole che entrambi devono rispettare sono le stesse.

Abbiamo accennato al fatto che **il polimorfismo si manifesta in due modi.** Uno è il polimorfismo per dati (o per classi); è quello visto fino a questo momento. L'altro modo in cui si manifesta il polimorfismo lo vediamo adesso e prende il nome di polimorfismo per metodi.

Parlare di polimorfismo per metodi significa prendere confidenza con due termini che troveremo prima o poi sulla nostra strada: **override** e **overload**. Iniziamo con il dire che l'overload si manifesta in una stessa classe, l'override si manifesta nelle sottoclassi di una certa classe. Ora diamone una definizione.

Con il termine **override** si intende la sovrascrittura, nelle sottoclassi, di un metodo definito in una superclasse. In questo caso il metodo ha lo stesso nome, ma algoritmo diverso. Tradotto in righe di codice potrebbe essere qualcosa del genere.

```
// superclasse Veicolo
public class Veicolo {
  private String colore;

  public getColore() {
    System.out.println("Leggo il colore di un
veicolo");
  }
  public setColore() {
    System.out.println("Cambio il colore di un
veicolo");
  }
}

// sottoclasse Auto di Veicolo
public class Auto extends Veicolo {
  private String colore;

  public getColore() {
    System.out.println("Leggo il colore di un'auto");
  }
  public setColore() {
    System.out.println("Cambio il colore di un'auto");
  }
}
```

Osservando il codice qui sopra si può notare come il codice all'interno dei metodi ereditati sia stato modificato dalla classe Auto rispetto alla superclasse Veicolo. Se il nostro software si ritrova a fare spesso uso di questa tecnica, molto probabilmente siamo partiti con una gerarchia di superclassi/sottoclassi traballante.

Con il termine **overload** si intende il sovraccarico di uno o più metodi presenti all'interno di una stessa classe, ossia la presenza, in una stessa classe, di due o più metodi con lo stesso nome, ma con funzionalità diverse. Per averne una rappresentazione pratica, possiamo immaginare una situazione del genere.

```
// esempio di overloading di un metodo
public class Esempio {
  public int somma(int x, int y) {
    return x+y;
  }
  public int somma(int x, int y, int z) {
    return x+y+z;
  }
}
```

Nell'esempio qui sopra la classe Esempio ha due metodi con lo stesso nome "somma" ma che fanno cose diverse: in un caso il metodo esegue la somma di due interi, mentre nell'altro esegue la somma di tre interi.

Ora dovrebbe essere chiaro perché questo tipo di polimorfismo viene chiamato polimorfismo per metodi: si riferisce esplicitamente ai metodi.

Relazioni tra classi

Lo scopo principale della creazione delle classi è quello di metterle in qualche modo in relazione tra loro. Una classe che non si interfacci con altre classi è sicuramente poco significativa in OOP.

Gli oggetti, ossia le istanze delle classi, interagiscono tra loro utilizzando lo scambio di messaggi per richiedere l'esecuzione di un particolare metodo/azione. Tale comunicazione consente di identificare, all'interno del programma, una serie di relazioni tra le classi.

Un tipo di relazione l'abbiamo visto nel paragrafo relativo all'ereditarietà in cui abbiamo imparato che, se nel nostro programma troviamo due o più classi che abbiano una o più caratteristiche in comune, potrebbe essere una buona idea inglobare tali caratteristiche in una classe di livello superiore (superclasse) in modo da risparmiare un po' di fatica a tutto vantaggio dello sviluppo. Abbiamo identificato una tale relazione con il nome "is-a".

Ovviamente la relazione di tipo "is-a" non è l'unico tipo di relazione possibile tra due classi. Esistono altri tipi di relazioni. Una delle più importanti è senza dubbio la relazione di **Aggregazione,** identificata da un'altra coppia di parole inglesi, "**has-a**", anche conosciuta come "whole-part" ossia "tutto-parte". Questa relazione è sostanzialmente differente dalla precedente. La relazione "is-a" è l'unico tipo di relazione che si riferisce alle classi. Tutte gli altri tipi di relazioni fanno riferimento agli oggetti. Differenza non da poco!

Infatti per creare una relazione di tipo "is-a" bisogna chiedersi se una sottoclasse B è anche una superclasse A (un'*Auto* è anche un *Veicolo*), mentre per creare una relazione "has-a" la domanda da porsi è: <u>un oggetto della classe B è una parte di un oggetto della classe A?</u> Osservando la seguente figura possiamo comprendere meglio di cosa stiamo parlando.

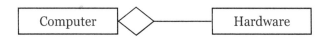

In UML la figura ha il seguente significato: un oggetto di tipo *Computer* è un aggregato di oggetti di tipo *Hardware* (scheda madre, RAM, scheda video, ecc.). Inoltre una relazione di tipo Aggregazione indica un'altra cosa: le parti di cui è composto il computer possono "vivere" anche senza il computer: una scheda video può tranquillamente esistere senza essere necessariamente montata su un computer.

Quando invece le parti di cui è composto l'oggetto non possono vivere senza l'oggetto che compongono, allora si crea un altro tipo di relazione, la relazione di **Composizione**. Ad esempio, un albero è composto da rami e i rami da foglie, ma le foglie senza essere attaccate a un ramo muoiono e un ramo, senza essere attaccato ad un albero, muore anch'esso. In UML possiamo dire tutto ciò disegnando il seguente diagramma.

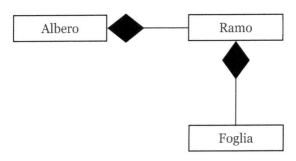

Possiamo quindi notare che una relazione di tipo Aggregazione viene indicata da un rombo vuoto, mentre una relazione di tipo Composizione viene indicata da un rombo pieno.

Concettualmente, invece, abbiamo detto che la differenza tra i due tipi di relazione (Aggregazione e Composizione) risiede tutta nella possibilità degli oggetti componenti di avere o meno vita propria, slegata dalla vita dell'oggetto che compongono.

Terminiamo l'elenco delle relazioni tra classi parlando di quella più blanda e più usata: la relazione di **Associazione**.

Con essa si indica una generica relazione tra istanze di classi (per esempio il fatto che una persona lavori per una ditta). L'associazione tra due classi può essere unidirezionale o bidirezionale. Secondo lo standard UML, un'associazione bidirezionale si rappresenta con una linea a tratto continuo senza alcuna freccia, pur se alcuni progettisti interpretano un'associazione senza frecce come un'associazione "indecisa" nella quale non è ancora chiaro in quale direzione possa avvenire la navigazione. Un'associazione può avere un nome, dei ruoli o delle molteplicità. Un nome descrive la natura della relazione. Le molteplicità indicano quanti oggetti si possono raggiungere navigando lungo la relazione di associazione. È opportuno notare che si può non elencare come attributo ciò che si rappresenta graficamente come associazione. Ad esempio, se si indica con un'associazione il fatto che un oggetto di tipo *Auto* contiene oggetti di tipo *Pneumatico*, non si aggiunge l'attributo pneumatici alla classe *Auto*.

La differenza tra associazione e aggregazione/composizione risiede nel fatto che mentre aggregazione e composizione esprimono il concetto che un oggetto è il risultato dell'assemblaggio di altri oggetti, l'associazione si limita a fotografare i rapporti che esistono tra oggetti che devono "conoscersi", ma non sono l'uno parte dell'altro.

A livello architetturale è possibile utilizzare quasi sempre il rapporto di associazione, a scapito di aggregazione e composizione. L'associazione infatti è il tipo di relazione più generico e può sostituire, in fase di studio/analisi, gli altri due, i quali poi ricompariranno durante l'approfondimento dell'analisi e del design.

Un esempio tipico di associazione è quello tra classe *Ordine* e classe *Cliente*, dove ogni ordine possiede un reference all'oggetto cliente a cui si riferisce: questa è una associazione che indica, tramite la freccia, l'esistenza di una navigabilità da ordine a cliente.

Dunque le differenze tra le varie notazioni non appaiono tanto nel codice sorgente, quanto nel modello di sistema che si costruisce. Il fatto di sapere cosa si vuol realizzare - associazione, composizione o aggregazione - permetterà, in fase di design e programmazione, di effettuare le scelte più appropriate. Si badi che quelle che possono sembrare sottigliezze di programmazione o inutili distinguo, non lo sono affatto. Il modello è importante, su di esso ci si basa. La realtà (o il modello di essa che si vuole implementare in un programma) è fatta proprio a questo modo: ci sono oggetti che ne contengono altri in tutto e per tutto, ed oggetti che possiedono solo un riferimento ad altri.

Alta coesione, basso accoppiamento

Quando si lavora in ambiente Object Oriented la qualità del codice riveste un'importanza capitale. Due dei principali fattori da cui dipende una buona qualità del codice sono i seguenti:

- **Accoppiamento** (Coupling)
- **Coesione** (Cohesion)

L'Accoppiamento fa riferimento ai legami esistenti tra classi separate di un programma. In generale, diremo che se due classi dipendono strettamente l'una dall'altra (ovvero hanno molti dettagli che sono legati vicendevolmente) allora esse sono strettamente accoppiate (si parla anche di strong coupling).

Riflettendo un attimo su quanto detto nei paragrafi precedenti, quando si è parlato di incapsulamento, manutenzione e riutilizzo del codice, si può facilmente arguire che per una buona qualità del codice l'obiettivo sarà quello di puntare ad un basso accoppiamento (weak coupling o loose coupling), consentendo in tal modo una migliore manutenibilità del software. Infatti un basso accoppiamento consente sicuramente di avere una buona comprensione del codice associato ad una classe senza doversi preoccupare di andare a reperire i dati delle altre classi coinvolte. Inoltre, utilizzando un basso accoppiamento, eventuali modifiche apportate ad una classe avranno poche o nessuna ripercussione sulle altre classi con cui è instaurata una relazione di dipendenza.

Per fare un esempio di basso accoppiamento nel mondo reale si può pensare ad una *Radio* connessa con degli *Altoparlanti* attraverso l'uso di un cavo. Sostituendo o modificando il cavo, le due classi (*Radio* e *Altoparlanti*) non subiranno alcuna modifica sostanziale alle loro strutture. Viceversa, un forte accoppiamento può essere rappresentato da due travi di acciaio saldate tra di loro. Infatti, per poter muovere una trave, anche l'altra subirà inevitabilmente degli spostamenti.

La **Coesione**, invece, rappresenta una informazione sulla quantità e sulla eterogeneità dei task di cui una singola unità (una classe o un metodo appartenente ad una classe) è responsabile. In altre parole, attraverso la coesione si è in grado di stabilire quali e quanti siano i compiti per i quali una classe (o un metodo) è stata disegnata. In generale, si può affermare che più una classe ha una responsabilità ristretta ad un solo compito più il valore della coesione è elevato; in tal caso si parlerà di alta coesione (strong cohesion). Come si evince dalle definizioni appena fornite, a differenza dell'accoppiamento, il concetto di coesione può essere applicato sia alle classi che ai metodi. È proprio <u>l'alta coesione l'obiettivo da prefiggersi quando si vuole scrivere del codice di buona qualità.</u> Infatti il raggiungimento di un'alta coesione ha svariati vantaggi. In particolare: semplifica la comprensione relativamente ai compiti propri di una classe o di un metodo, facilita l'utilizzo di nomi appropriati e favorisce il riutilizzo delle classi e dei metodi.

Per esplicitare i due concetti appena espressi (accoppiamento e coesione) possiamo provare a fare un esempio pratico. Ammettiamo di avere le due classi *Auto* e *Persona* e ammettiamo poi di aggiungere alla classe *Auto* la proprietà *proprietario* di tipo *Persona*. Così facendo abbiamo, in un colpo solo, aumentato l'accoppiamento (infatti ora la due classi sono associate) e abbassato la coesione (infatti la caratteristica *proprietario* non è caratteristica tipica di un'auto).

In un progetto reale avere un accoppiamento nullo non è possibile. Il nostro obiettivo deve però essere quello di ridurlo al minimo indispensabile.

Ok, facciamo finta che sia tutto chiaro.

Abbiamo comunque il problema di comunicare al sistema che una certa auto ha come proprietario una certa persona.

Non possiamo inserire la caratteristica *proprietario* dentro la classe *Auto*. E allora?

E allora le cose si risolvono con l'introduzione di quelle che vengono definite con il nome di "classi di utilità" oppure con l'utilizzo di specifici standard di progettazione noti con il nome di "design pattern". Sia le une sia gli altri possono essere proficuamente utilizzati per abbassare il livello di accoppiamento all'interno di un sistema software.

Ma qui entriamo in discorsi molto più complessi di questa semplice "guida ai concetti" e ci dobbiamo fermare.

Teniamo però presente che, ad un certo punto della nostra formazione, saremo costretti ad entrare in confidenza con questi concetti.

Le classi astratte

Una classe astratta non è niente di complicato. Basta solo ragionare un po' per rendersi conto dei motivi che ne hanno consigliato la creazione e l'utilizzo.

Possiamo partire osservando che moltissime entità che usiamo per descrivere il mondo non sono reali, sono categorie concettuali. Tuttavia tali categorie concettuali sono utili per esprimersi. Il classico esempio sono gli animali. Parlare di "animali" ci è molto utile, ma a ben pensarci non esiste "il generico animale". Nella realtà esistono solo animali specifici: cani, gatti, lepri, serpenti, pesci, ecc.

Da questa banale osservazione nasce il concetto di **classe astratta**, ossia una classe che rappresenta una categoria concettuale astratta di cui non esistono istanze reali.

Non esiste quindi un "animale qualsiasi", ma esistono animali specifici. Questo ragionamento ci conduce a dire che sarebbe opportuno creare una classe astratta, magari denominata *Animale* (i nomi delle classi astratte sono quasi sempre dei sostantivi), di cui non è possibile creare istanze e da cui far ereditare le classi *Cane*, *Gatto*, *Cavallo*, ecc. La classe astratta non avrà dunque alcuna istanza; le istanze apparterranno invece alle sue sottoclassi concrete, come ad esempio le già ipotizzate classi *Cane*, *Gatto*, *Cavallo*, ecc. Servendoci sempre di UML possiamo rappresentare quello che abbiamo appena detto nel seguente diagramma.

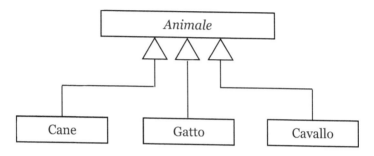

La prima cosa da osservare è che in UML la denominazione di una classe astratta viene indicata, per convenzione internazionale, in testo corsivo (la classe *Animale* è infatti scritta in corsivo). Ciò al fine di distinguere una classe concreta da una classe astratta.

La seconda è che, essendo *Animale* una classe astratta, non sarà possibile scrivere

```
Animale animale = new Animale();
```

perché una <u>classe astratta non può essere istanziata</u>. Viene progettata soltanto per svolgere la funzione di superclasse da cui le classi derivate (sottoclassi) possono ereditare.

In altre parole una classe astratta è a tutti gli effetti una semplice superclasse, ma viene dichiarata astratta quando ci si rende conto che, nel nostro dominio applicativo, ciò che essa rappresenta non verrà mai istanziato.

Una classe astratta presenta però alcune caratteristiche peculiari. Ad esempio, <u>se dichiara un metodo astratto, le classi concrete che lo ereditano hanno l'obbligo di implementarlo</u>. Un metodo astratto è un metodo senza corpo, cioè con una firma, ma senza codice al suo interno.

Esempio:

```
public abstract class Animale {
  public abstract void dorme();
  public abstract void mangia();
}
```

In questo esempio la classe astratta *Animale* dichiara due metodi, entrambi astratti; si riconoscono perché, dopo la chiusura della parentesi tonda, mostrano un punto e virgola invece di aprire la parentesi graffa e farla seguire dal codice. Ciò impone alle classi *Cane*, *Gatto* e *Cavallo* di scrivere il codice in tali metodi.

Ad esempio, in java la classe *Cane* avrebbe un codice simile al seguente:

```
// estensione della classe astratta Animale
// e dei suoi metodi astratti
public class Cane extends Animale {
  public void dorme() {
    System.out.println("Il cane sta dormendo");
  }
  public void mangia() {
    System.out.println("Il cane sta mangiando");
  }
}
```

Tuttavia una classe astratta può avere dei metodi parzialmente o completamente implementati. In tal caso le sottoclassi erediteranno il metodo e dovranno "sovrascriverlo" usando la parola chiave *override*. Ma queste sono argomentazioni che saranno trattare nel particolare linguaggio di programmazione in cui scriveremo il nostro codice.

Dunque le classi astratte possono essere considerate come superclassi che contengono metodi astratti, progettate in modo che le sottoclassi che ereditano da esse ne "estendano" le funzionalità implementandone i metodi. Il comportamento definito dalle classi astratte è "generico" e la maggior parte dei costrutti della classe sono indefiniti e non implementati. Prima che una classe derivata da una classe astratta possa essere istanziata, essa ne deve implementare tutti i metodi astratti.

Facciamo attenzione al fatto che una classe qualsiasi che abbia almeno un metodo definito abstract e quindi non implementato, diventa a sua volta astratta. È necessario quindi dichiarare tale classe come astratta per evitare un errore in fase di compilazione.

Riassumendo: il programmatore, quando definisce una classe astratta, deve tener presente che si tratta di una classe che non può essere istanziata direttamente. Possono però essere istanziate le sue sottoclassi non astratte. Questo processo di astrazione ha lo scopo di creare una struttura base che semplifica il processo di sviluppo del software.

La maggior parte dei linguaggi di programmazione orientati agli oggetti consente al programmatore di specificare, con apposite parole chiave, quali classi sono astratte, impedendo in modo automatico che si possano istanziare oggetti di quel tipo (abbiamo visto che java usa la keyword *abstract*). Con questi accorgimenti il programmatore può concentrarsi sull'analisi e lo sviluppo del programma: l'implementazione effettiva delle funzionalità necessarie viene fatta nelle sottoclassi che ereditano da quella astratta.

Le interfacce

Le interfacce sono molto simili alle classi astratte, ma nella loro definizione hanno un taglio orientato più alle azioni che alle caratteristiche. Un'**interfaccia** infatti viene usata per modellare ed astrarre uno o più modi in cui un oggetto (e quindi una classe) esegue alcune azioni. Non a caso i nomi delle interfacce sono quasi sempre degli aggettivi. Ad esempio una importante interfaccia, presente in quasi tutti i linguaggi di programmazione orientati agli oggetti, è l'interfaccia *IPrintable* (stampabile). Se una classe A **implementa** tale interfaccia significa che gli oggetti/istanze di A sono stampabili. Un esempio plausibile potrebbe essere costituito dalle classi concrete *Libro*, *Maglietta* e *Foglio* che, avendo istanze tutte "stampabili" (anche se in modo diverso), possono implementare l'interfaccia *IStampabile* (nessun errore di battitura, è uso comune anteporre una "I" al nome dell'interfaccia per riconoscerla subito). Con il nostro fedele UML potremmo descrivere quanto appena detto con il seguente diagramma.

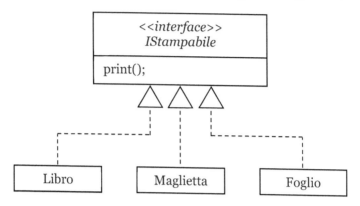

L'interfaccia *IStampabile* definisce il metodo *print()*. Le classi che ereditano tale metodo devono implementarlo. Notiamo che in UML l'interfaccia, oltre ad essere denominata in corsivo, è anche preceduta dalla scritta *<<interface>>* e che le sottoclassi sono collegate all'interfaccia da un altro tipo di freccia (con linea tratteggiata).

```
// definizione dell'interfaccia
public interface IStampabile {
  public void print();
}

// implementazione dell'interfaccia
// da parte della classe Libro
public class Libro implements IStampabile {
  public void print() {
    System.out.println("Sto stampando un libro");
  }
}
```

In **java** tutta questa teoria prenderebbe la forma dello snippet (ossia un pezzo di codice di programmazione) riportato qui sopra in cui abbiamo dichiarato un solo metodo per l'interfaccia, ma bisogna osservare che un'interfaccia può dichiarare più di un metodo e anche proprietà.

A differenza delle classi astratte, <u>nelle interfacce non troveremo l'implementazione di alcun metodo o proprietà</u>. Essi saranno tutti astratti.

Infine, mentre per le classi non è quasi mai ammessa l'ereditarietà multipla, ma soltanto quella singola, questo non è vero per le interfacce. Una classe può implementare più di una interfaccia contemporaneamente. A livello di codice basterà separare con una virgola i nomi delle interfacce che si vogliono implementare per quella classe. Infine una classe può derivare contemporaneamente da una classe madre e da una o più interfacce, basta separare i nomi delle une e delle altre sempre con le virgole nel codice del particolare linguaggio di programmazione.

Bene.

A questo punto siamo nelle condizioni di "chiudere il cerchio".

Incapsulamento, information hiding, interfacce... dovrebbe essere chiaro che questi concetti, in qualche modo, si "conoscono". L'information hiding è un principio che ci dice di tenere nascosti i dettagli implementativi di un determinato oggetto e componente software. L'incapsulamento è un modo per applicare il principio dell'information hiding impedendo la lettura e la modifica diretta delle caratteristiche di un oggetto e imponendo l'uso di appositi metodi. Infine le interfacce forniscono dei metodi "standard" utilizzabili da qualunque classe che implementi l'interfaccia in cui sono dichiarati.

Vogliamo vederci più chiaro?

Accendiamo la luce!

Ritorniamo al nostro portalampada e alla nostra lampadina. Non sarebbe sbagliato affermare che una lampadina sia "avvitabile". Se la nostra lampadina è di quelle che si avvitano... sì, è avvitabile. Ma allora potremmo definire un'interfaccia denominata *IAvvitabile* e farla implementare alla classe Lampadina. Sarebbe poi utile aggiungere all'interfaccia *IAvvitabile* i metodi avvita e svita.

In codice java sarebbe qualcosa del genere.

```java
// dichiarazione della classe Lampadina che implementa
l'interfaccia IAvvitabile
public class Lampadina implements IAvvitabile {
  public void avvita() {
    System.out.println("Sto avvitando la lampadina");
  }
  public void svita() {
    System.out.println("Sto svitando la lampadina");
  }
}
```

Tramite l'uso di un'interfaccia abbiamo nascosto i dettagli implementativi e di funzionamento degli oggetti di tipo Lampadina, ma abbiamo comunque potuto utilizzare la lampadina collegandola al nostro portalampada. È tanta roba!

UML: Convenzioni ed esempi di base

Sebbene, come più volte abbiamo ripetuto, questa non sia la sede in cui prendere confidenza con UML, può essere utile ricapitolare i simboli e le convenzioni che abbiamo utilizzato durante il nostro viaggio nei concetti della OOP.

Per questo motivo nella pagina successiva troviamo una tabella grafica in cui vengono riportate le convenzioni grafiche UML con il rispettivo significato.

Un giorno, quando magari diventeremo degli affermati progettisti, conosceremo tali convenzioni meglio del nostro nome e ci verrà naturale usarle e manipolarle come meglio riterremo. Per il momento ricordiamoci solo della loro esistenza e della loro utilità nel riportare graficamente i concetti della OOP.

A seguire troviamo un'altra immagine in cui osservare associazioni, aggregazioni e composizioni classiche.

Relazione	Simbolo	Tratto	Punta della freccia
Ereditarietà		Continuo	Triangolo vuoto
Implementazione		Tratteggiato	Triangolo vuoto
Associazione		Continuo	Lancia
Aggregazione		Continuo	Rombo vuoto
Composizione		Continuo	Rombo pieno

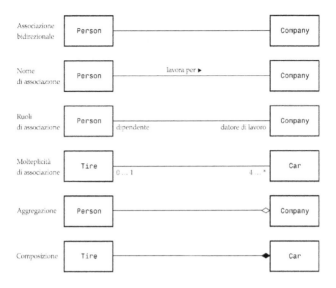

Associazione bidirezionale — Person —————— Company

Nome di associazione — Person —— lavora per ▶ —— Company

Ruoli di associazione — Person — dipendente ————— datore di lavoro — Company

Molteplicità di associazione — Tire — 0 ... 1 ————— 4 ... * — Car

Aggregazione — Person ——————◇ Company

Composizione — Tire ——————◆ Car

Consigli pratici

Prima di scrivere il codice per un problema complesso è necessario averne progettato una soluzione. La metodologia presentata suggerisce di seguire un <u>procedimento di progettazione</u> composto dalle seguenti fasi:

1. Identificare le classi;
2. Determinare le responsabilità e le caratteristiche di ciascuna classe;
3. Descrivere le relazioni tra le classi.

Per identificare le classi si possono seguire diversi metodi. Uno dei più intuitivi è quello di leggere le specifiche (cioè quello che l'applicativo deve fare) e individuare tutti i sostantivi che hanno una certa rilevanza per l'applicativo. È molto ragionevole attendersi che tra i sostantivi identificati ci siano degli oggetti utili all'applicativo che, una volta generalizzati, ci daranno le nostre classi.

Una volta avuto un elenco di classi che in qualche modo si reputano utili all'applicativo è necessario utilizzare il massimo livello di coesione possibile, al fine di rendere le responsabilità di ogni classe ridotte alle sole che sono strettamente attinenti a ciò che la classe rappresenta (alta coesione). Ciò dovrebbe portare ad un naturale basso accoppiamento. Se ciò non dovesse accadere, allora eseguiamo un ulteriore passaggio per ridurre l'accoppiamento (se e quando possibile).

Infine cerchiamo di capire quali sono le relazioni che intercorrono tra le varie classi identificate. Molto spesso in questa fase è opportuno creare delle classi di "utilità" che aiutano a far interagire le classi lasciandole tuttavia disaccoppiate.

Bene.

Se siamo arrivati fino a qui e abbiamo compreso quanto esposto, possediamo le basi per iniziare a studiare un linguaggio di programmazione orientato agli oggetti.

L'autore

Alessandro Stella si occupa di informatica dal 1994.

La sua formazione è composta da due lauree di Stato, una in Informatica - conseguita presso l'Università degli Studi di Bari - e una seconda in Editoria - conseguita presso l'Università degli Studi di Udine. Tra le due lauree ha anche acquisito un master universitario interaziendale in "Enterprise Programming".

Dal 2018 è riconosciuto come Google Digital Marketer.

Dal 2019 è docente presso le scuole superiori.

Dal 2003 al 2017 è stato Programmer, Senior Programmer e Project Manager in progetti web nazionali e internazionali.

Dal 2012 ha iniziato a scrivere libri con l'obiettivo di raccontare e magari trasmettere ad altri quello che ha imparato in tanti anni di studio e di lavoro nel mondo dell'IT.

A marzo 2016, in occasione del "I Festival - Professione giornalista" tenutosi a Bologna, è stato il relatore dell'applaudito seminario dal titolo "Come creare un e-book. Strumenti e metodi per l'autoproduzione" dalla cui esperienza è nato un nuovo libro elettronico.

Si può facilmente entrare in contatto con Alessandro, visitando i seguenti link:

https://alessandrostella.it/

https://www.facebook.com/alessandrostella.it/

Libri dello stesso autore

HTML5 e CSS3: i codici del WEB

https://html5css3.alessandrostella.it/

https://amzn.eu/d/fSK7CUM

HTML5, CSS3, JavaScript - Programmare per il web, lato client

https://htmlcssjavascript.alessandrostella.it/

https://amzn.eu/d/gUxwZ37

Creare, pubblicare e vendere un e-book

https://pubblicareebook.alessandrostella.it/

https://amzn.eu/d/33dJrql

User Experience: : artefatti per la felicità dell'utente

https://userexperience.alessandrostella.it/

https://amzn.eu/d/gefvCFP